Cartas Para Ser Leídas

Encontrarás Una Especial Para Ti

María Manuela Pinto

Impreso en los Estados Unidos de América

ISBN-13: 978-0615697581
ISBN-10:   0615697585

www.mariamanuelapinto.com
facebook.com/MariaManuelaPintoAuthor
twitter.com/MariaManuelaPi4

Publicado por Mariangelikuss

Mariangelikuss

DEDICACIÓN

Este maravilloso libro *"Cartas Para Ser Leídas: Encontrarás Una Especial Para Ti,"* está dedicado aquellas personas que en algún momento de sus vidas quisieron comunicarse con sus seres queridos, amigos y demás.
Y no supieron por donde empezar. Sobre todo como llegar al corazón y sensibilidad de las personas sin herir susceptibilidades .

CONTENIDO

AGRADECIMIENTO

Agradezco a mi familia por el apoyo y el amor incondicional que siempre tuve mientras escribía esté hermoso libro. Gracias a todos y a cada uno de ustedes. A mi esposo y mis tres hijos con todo mi amor.
Dios los bendiga hoy y siempre.

A Mi Madre

La veo con su mirada perdida, cansada, como si quisiera traer a su memoria los años de juventud.

Muchos recuerdos van pasando por su mente. No me ha dicho ni una sola palabra. Pero como si me hubiera contado mucho de su existencia.

Yo, en ese silencio la siento, llorar, reír, cantar, bailar, desilusiones, penas, alegrías, de todo. Tantos sentimientos y recuerdos que son los que llenan de amor su vida.

Pero lo que más he admirado de ella, es su gran fe y sentido del humor. Siempre poniendo una sonrisa donde hay una pena y una palabra de esperanza donde hay una preocupación.

Por esas cosas y muchas más, yo también en silencio te quiero decir: ¡Te quiero mama!

Gracias, por lo mucho o poco que me has dado, para mi han sido tu amor incondicional, tus enseñanzas, tus consejos. Siempre preocupándote por todos nosotros, tu familia.

No quiero dejar de mencionar la buena mano que tienes para la cocina y la repostería, le pones tanto amor y ganas, que las exquisiteces están a pedir de boca.

Dios te bendiga hoy y siempre.

****

A Mi Padre

Te recuerdo como si fuera ayer.
Para ser más precisa todos los días de mi vida.
Siempre estaras conmigo.

Me diste la bienvenida a este maravilloso mundo, con una gran sonrisa,
me tomaste en tus brazos y no lo podías creer. ¡Ya eras papá!

Me ayudaste a dar mis primeros pasos. Lo mismo hiciste con las
primeras letras. Me compraste mi primera bicicleta.
Recuerdo haberme caído cantidad de veces y tu me decías:
"Si te caes te levantas, así aprenderás rápido."

Qué razón tenias, tal cual.

Trabajaste mucho para que no me faltara nada.
Fuimos creciendo juntos; tu con tus necesidades, yo con las miás.
Descubriendo diferentes etapas de nuestras vidas.

Cuando no te comprendía, tu te encargabas. Para hacerme entender
que todas las personas son diferentes con defectos y virtudes.
Y que es de humanos errar pero también perdonar.

Siempre hubo comunicación entre nosotros.
Yo sentía respeto hacia ti, siempre una palabra de amor hacia mi.

Qué importante es la comunicación.

Tú, me enseñaste el valor de las cosas.
Todo lo que nos proponemos lo podemos alcanzar.
Con fuerza y voluntad.

Hoy por hoy tengo la capacidad de hacer todo lo que este a mi alcance
para salir adelante.
Cumplir con mis metas y hacer realidad mis sueños.
Lo más importante. Dar amor.

Sé como afrontar los problema de la vida diaria.
Y que me he caído y levantado, como cuando aprendía a montar mi primera bicicleta.

Gracias a tus enseñanzas, nunca las olvide.
Por el contrario siempre las he tenido cerca de mi y no sabes todo lo que me han ayudado.

Sé, que leerás está carta. Dónde tú te encuentres.
Y sé que te hará muy feliz.

Hoy y siempre estarás en mi corazón.

****

<u>Adicto A Ti</u>

Te necesitó por la mañana.
Cuando sale el sol. Tomaremos el desayuno de todos los días.
Te preguntare "¿Cómo dormiste, mi amor?"
Nos contaremos nuestros sueños y pesadillas.
¿Y por qué no? Amarnos un poquito más.

Te necesitó por el medio día.
Almorzaremos nuestra comida preferida y me contaras tus planes, tus
problemas, tus alegrías y tus penas también.
En fin, conversaremos de todo un poco.
Y al terminar, nos amaremos un poquito más.

Te necesitó de noche.
Cuando el sol se oculta y aparece la luna, para ser amantes, amigos,
cómplices y algo más.

Como puedes ver te necesitó las veinticuatro horas del día los doce
meses del año. ¿Es qué me volví adicto a ti?

Sí, quererte así como lo estoy haciendo con esa pasión muchas veces
incontrolable y con ese amor que tú me despiertas cada segundo,
minuto, y cada día, se le pudiera llamar adicción.
¡Entonces sí soy enteramente adicto a ti, pero de amor!

****

Adiós Amor Mio

*Sí, tan sólo escucharas lo que te murmullo al oído te darías cuenta del
inmenso amor que yo guardo por ti.*

*Un amor puro, limpio, nunca un mal pensamiento, una devoción y
contemplación completa.
Guardando siempre los más intensos deseos para ti.*

*Seguiré viniendo como todas las noches,
vestida de blanco, como una novia angelical.
Te besaré y te contemplaré como siempre lo hago.*

*Sí, tan sólo me prestaras más atención,
te darías cuenta que yo siempre te amé en silencio.
Duerme, duerme tranquilo,
sé que una de estas noches me escucharas decirte:*

Adiós amor mio.

Será muy tarde para recuperar el tiempo perdido.

*Vendré mañana, y como todas las noches velaré tus sueños.
Te daré mi amor y las buenas noches.
Hasta que llegué el momento de la despedida.*

Sé que me extrañaras.

*Duerme amor mio. Y cuando tu ya no me sientas venir.
No te preocupes, que no te dejaré solo.
Si, tú quieres y me lo pides,
vendré por ti, para amarnos en un lugar muy especial que yo tengo en
el cielo para ti.*

Adiós amor mio.

****

7

<u>Adorado</u>

No comprendía porque cada vez que me acercaba a Juan
él, no me miraba. Hasta llegue a pensar que ya no me quería.

Eran así mis días y noches.
Hasta que me di cuenta que yo había pasado a ser espíritu.
Al principio me dio mucha pena. Fue tanta, que no paré de llorar por
días, yo diría que fueron meses de mucha tristeza.

Pero lo mejor que me estaba pasando, era que yo podía mirar todo lo
que sucedía alrededor de Juan.
Podía consolarlo y darle ganas de vivir cuando lo veía muy desanimado.

Él, mi adorado, tenía buenos y malos días.
¿Cómo no sería así? Si me había ido de su lado.
Fueron muchos años los que vivimos juntos.

Por medio de está carta, Juan adorado, quiero decirte muchas cosas:

Me encuentro bien, los dolores físicos se fueron para siempre, te veo
casi a diario, siempre estoy contigo, disfruto de tus alegrías.
Y te doy consuelo en los momentos de tristeza.

Estar aquí, no es para nada malo. Por el contrario es bueno hay mucha
paz y sobretodo, que soy feliz.
Desde aquí te seguiré amando y cuidando.

Disfruta de lo que tienes ahora contigo, que es muy valioso.
Tus hijos y nietos. Los extraño. Nunca los dejare de amar.
Me toco partir primero. Pero, acepto mi destino.

Adorado, siempre estaré contigo.

****

<u>Agonía De Amor</u>

Estoy ansioso de tenerte aquí conmigo, que calientes mis noches frías,
que me beses, como sólo tú lo sabes hacer.

Qué tus manos de seda acaricien mi cuerpo,
recorriendolo con tu mirada dulce y angelical,
desnudando no sólo mi cuerpo si no también mi alma y te darás cuenta
que te pertenezco completo.

Te espero con desespero, los minutos me parecen largas horas, te deseo
con todo mi corazón. ¿Qué encanto tienes?

Solo de pensar en ti, ya siento el corazón agitado y mi cuerpo se
desvanece por tenerte.
Amor mio, no demores más. Que está espera, ya es una agonía de amor.

Estoy muriendo de amor por ti.
Desde que te vi por primera vez, me enamoré como un loco.
Eres un ángel en la tierra
tierno, dulce, sensual, tu voz es melodiosa, es música para mis oídos,
eres de carne y hueso pero te sigo viendo celestial.

No demores más, que mi corazón se comienza a derretir
y tal vez encuentres agua cristalina llorando por ti.

Yo no sabía, hasta que te conocí que también existía la agonía de amor.

****

Amistad

No la puedes ir buscando por cualquier lugar, es ella la que te encontrara.

Muchas veces viene y se va. Pero cuando se queda con nosotros todo cambia, porque "Amistad" es incondicional ella te habla, te escucha, te comprende, te ayuda sin pedir nada a cambio,

Amistad, no mide sus sentimientos los da todos.

Amistad, es transparente como el agua cristalina del río.

Amistad, es delicada como el pétalo de una rosa.

Cuando la llamas es la primera en venir a acompañarte, apoyarte y darte consuelo, sin importarle nada. Ella tiene que estar allí contigo, en los malos y en los buenos tiempos.

Amistad, es libre como los pájaros, vuela y hace nido donde le den calor y amor.

Pero cuando Amistad, se decepciona se va para no volver dejando un vació que no sabes con que llenarlo.

La tristeza te embarga quedándote solo, muy solo.

"¿Por qué se fue Amistad?"

Amistad, se fue porque no encontró los mismos sentimientos que ella entregaba. Ella se decepciona y se retira de tu lado.

Amistad, es fabulosa no la dejes ir.

Si en tu camino tienes la suerte de encontrarla, agarrala muy fuerte con todo tu corazón.

Porque si llegó y te visitó, es porque tú le interesas mucho más de lo que tú crees.

Amistad, no tiene edad.

No tiene color, no tiene religión, no entra en política, no discrimina, es sencilla, amorosa, no juzga, ni tiene prejuicio.

Amistad, tiene muchas cualidades casi ningún defecto.

Amistad, te dará amor verdadero.

Valora su calidad humana. No tiene precio. Como cuando recibes un regalo muy valioso y en su envoltura dice:

"Cien por ciento legitima."

Gracias, Amistad por llegar a mi, soy afortunado por tenerte.

****

Amor Del Mismo Sexo

Una amiga me escribe una carta; Yo le contesto así:

Si ellos o ellas se aman, dejalos ser felices.
Enamorarse de alguien del mismo sexo no es malo. ¡Es amor!
Y amor es lo que necesita el mundo entero.

¡No le veo nada de absurdo y tampoco es para poner el grito al cielo!
Cómo se dice. Porque ellos o ellas quieran vivir juntos compartir sus
vidas, sus ideales, sus penas y alegrías como todos los seres humanos,
tienen todo el derecho a ser felices.
No le hacen daño a nadie.

Por el contrario, dales apoyo incondicional
que eso si es amor de verdad.

Estar criticándoles y poniéndose en contra del amor que ellos se tienen,
sólo puede traer negativismo y hacer tu vida y la de ellos muy infeliz.

¡Ya basta de eso!

¡Construyamos no destruyamos! El mundo es muy grande
todos absolutamente todos cabemos en él.
Para todas las parejas homosexuales que decidieron unir sus vidas:

Mis mejores deseos y que construyan una vida llena de amor.
Somos seres humanos, somos criaturas divinas, somos hijos de Dios,
por lo tanto debemos dar y recibir amor también.

Aprendamos a vivir y respetarnos unos a otros.

****

Angustia

Que angustia siento de saber que no vendrás y no te veré más.

¿ Es qué ya me olvidaste y no te hago más falta?

*Hoy, es nuestro aniversario y no estas aquí conmigo
para celebrarlo y brindar por nuestro amor.*

*Siento angustia en mi corazón,
parece que se romperá y no lo podré reparar.*

*Que angustia siento aquí dentro de mi alma.
El dolor más grande que he sentido por un amor.
Porque te he perdido y no habrá nada ni nadie que me de consuelo.*

Siento que hasta las lagrimas se me han secado de tanto llorar.

*Pero la angustia más grande que tengo es
que nunca podré amar a nadie como tu.*

****

Arco Iris

Si, observas al cielo muy pronto veras aparecer, el arco iris.

Los siete colores: amor, paz, felicidad, esperanza, amistad alegría,
fuerza, etc. Encierra muchos sentimientos más.
Todos los que pueda abarcar el arco iris.

El color amarillo. Buena suerte.
¡Todos la necesitamos y de que manera!

El color rojo. Poder.
¡Una fuerza natural que te empuja a realizar todo lo que quieres!

El color índigo. Tranquilidad, paz.
¡La que el mundo entero está implorando que llegue!

El color verde. Esperanza.
¡La que nunca se debe perder!

El color azul. Relajación y meditación.
¡Te ayuda a conectarte con tu "yo" interno!

El color violeta, Amor.
¡Lo más grande que existe en el universo!

El color naranja. Alegría y celebración.
¡La que no debe faltar!

Lo creo Dios para todos nosotros.
Para que disfrutemos de la alegría de verlo, de soñar con sus colores,
cerrando los ojos y viajar donde tus sentidos e imaginación te lleven.

Cuando aparezca el arco iris,
esa es tu oportunidad de abrir tu corazón y consciencia.

Trae amor, aquel sentimiento tan grande que todos los seres del
universo deben de practicarlo a diario.

****

Aroma De Amor

*Sentada a la orilla de un río. Mirando fijamente sus aguas y su
hipnotizador vaivén, donde, por unos minutos,
me pierdo en sus aguas cristalinas.*

*Logró percibir un aroma dulce como de frutas secas con canela.
Tal vez fresas frescas recién traídas del huerto o podría ser miel fresca.
No sé. Pero el aroma se puede percibir con más intensidad ahora.*

*Cierro mis ojos y comienzo a imaginar cosas lindas.
Recuerdos de mi niñez, adolescencia, etc.
En fin todas las etapas de mi vida van pasando por mi mente.*

*Entre el aroma a dulce y el sonido embriagador del rió siento que me
llevan a todas partes donde mi consciencia quiere ir.
Luego de cinco minutos, lo veo venir hacia mi. Solo puede ser él!*

¡El aroma de amor!

*Aquel amor, que por tanto tiempo esperé y
que al fin puedo sentirlo llegar.
¡Entonces debo decir que el amor tiene aroma a canela, frutas frescas,
azúcar y miel!*

****

Ayer Te Vi Diferente

Te veo cambiado, desde aquella última noche que nos vimos.
Me pregunto. ¿Tan poco duro nuestra luna de miel?

Quiero pensar que ésto es sólo un mal sueño, porque sólo eso puede
ser, después de tantos momentos de amor que vivimos juntos.

Momentos de alegría, siempre sonreíamos de todo.
La vida nos parecía como un carrusel.
Dando vueltas y viéndola de arriba a bajo y de abajo a arriba.
Siempre juntos y muy enamorados.

Ayer te vi diferente.

Mirando, las puestas de sol tan hermosas.
Y aquellas noches de luna llena con el cielo iluminado por las estrellas.
Pero iluminado también por nuestro amor.

Recuerdo cuando comíamos ciruelas frescas.
A mí, como siempre me encantaba juntar las semillas, y te decía:
"Las guardaré y las plantaré en mi jardín para comer ciruelas todos los
días del año."

Ayer te vi diferente.

No me olvidaré nunca cuando decidimos ir al bosque azul.
Así lo llamaban. No era azul, yo era tan ingenua que llegue a pensar que
podría existir un bosque azul.

Recuerdo que prepare una canasta con los más ricos bocaditos.
No era una experta cocinera, pero ponía todo mi esmero para hornear
esas ricas empanaditas y ni hablar de los pastelitos dulces. Una delicia!

Cuando los comías tu me decías:
"¡Tan dulces como tu!"
Siempre fuiste un romántico y muy enamorado.

Ayer te vi diferente.

Tan diferente que podría decir que no te reconocí.

No eres el mismo hombre con quien yo pase largas noches de amor.
No eres el hombre con quien compartí mi cama,
y con quien yo despertaba cada mañana.

Con los ojos cerrados, apostándolo todo, sin importarme nada me
entregué a ti, totalmente desnuda de cuerpo y alma como vine a este
mundo. Así te quise y así te sigo queriendo.

¿Cambio algo hoy?
Tal vez no debiera preguntar.
Tal vez me debería quedar con esos recuerdos.

Lo único que sé, es que te amé mucho y tu a mi.
Si paso algo, ya no me interesa saberlo, me quedo con tus caricias, tus
besos, tu forma de amar tan intensa.
Es lo que llevo pegado a mi cuerpo y a mi corazón.

Lo que vivimos los dos fue hermoso.
Así lo guardaré en lo más intimo de mi ser.

****

.

Ayudate Primero A Ti Mismo

Al empezar un nuevo día debemos de hacer el propósito de cumplir con las metas deseadas.
No dejarlas para mañana porque estás son parte de nuestras vidas.

Cuando los seres humanos ven sus proyectos realizados se sienten completos y esto hace que sean felices.

Hagamos que nuestra vida cambie para bien, un poquito cada día.
No se olviden de ustedes mismos.
Que son los protagonistas principales de su propia existencia.

Nuestros planes, metas, resoluciones, sueños,debemos hacerlos realidad de lo contrario estaremos incompletos e infelices.

Nuestra vida sería mucho mejor si empezáramos por nosotros primero.
Porque de esa manera seremos más felices.
Y así daremos felicidad al resto.

"No se puede recomendar comer un filete de pollo relleno si nunca antes lo has probado."

Nos encanta aconsejar y dar recomendaciones.
Muchas veces sin haberlas experimentado.

Pongamos en práctica ese dicho muy antiguo que dice:

"Dar para recibir."

Para dar tenemos primero que aprender a recibir.

****

Bebé

Dios les mandó un regalo.

El mejor de todos.

El más bello entre ellos.

El más dulce y angelical.

Tan pequeño se le ve, quien diría su alma tan grande es.

El día que nació, vuestros corazones iluminó.

Pero como no sería así;

Sí, al despertar, él les da la luz para iluminar sus días.

Él les da la paz para calmar sus ansias.

Él les da tanto amor, que agarrado de vuestras manos;

ustedes aprenderán de él y él aprenderá de ustedes

que son sus padres.

Dios, les mandó un regalo.

¡El mejor de todos llamado,

Bebé!

****

Café Expreso

Si tan sólo me dieras una señal que estás aquí conmigo.
Que no haría yo por un minuto más contigo.
Poder decirte tantas cosas que quedaron pendientes.

Como por ejemplo; El gran amor que siempre te tuve y tal vez no te lo
dije de la forma que te hubiera gustado oírlo. Aunque te lo demostraba
decirlo es mucho más profundo.

Dame una señal. Yo haré todo lo que este a mi alcance para estar
contigo. Sentirte cerca de mi, abrazarte fuerte y decirte que te amé con
locura y que hasta hoy te sigo amando.

Te imaginas poder recorrer otra vez juntos tantos lugares a los cuales
nos encantaba ir, pasear, conversar de nuestras cosas y de los muchos
sueños que teníamos.

Dame una pequeña señal y todo cambiara para siempre.
Yo, sabré reconocerte al instante.¿Cómo no lo haría?
Te conozco tan bien, que mis sentidos, se encargaran de avisarme .

Estoy preparando el café expreso que tanto te gustaba.
¿Recuerdas como lo tomabas?
Poquito a poco. Como lo disfrutabas. Sorbo a sorbo. Te fascinaba.

¿Para quién o por qué yo estaría preparando este riquísimo café

expreso? Sólo para ti.

¿Con quién lo tomaría yo?
Sólo contigo.

¡Pero, que tonta soy, ya me diste esa señal!

¡Tu ya estas aquí conmigo, listo para tomar tu café preferido!

****

Carta A Un Sacerdote

Llegaras está noche como casi todas las noches.
Te espero impaciente como una chiquilla enamorada por primera vez
cuando a escondidas de sus padres espera a su enamorado sin pensar en
las consecuencias que puede producir este encuentro de amor.

Sé que estoy de alguna manera pecando.
Pues tú eres sacerdote y yo una mujer libre que te ama con pasión y
locura, que has invadido mi cuerpo, alma y corazón.

Nunca pensé enamorarme de un sacerdote.
Pero tu alma pura, tu mirada sincera, tu sonrisa sensual, tus caricias y
sabiduría me fueron enamorando de ti.

Eres sincero, hablas con la verdad.
Creo que ha llegado la hora que enfrentes está verdad.
La de amar a una mujer.

Por ahora te comparto con la iglesia, sé que las amas a las dos.
Pero al fin y al cabo; ¿no es amor lo que predicas?
¿Por qué no podemos ser felices?
Solo somos seres humanos con sentimientos.

No veo las horas de verte, sin ese traje negro que siempre llevas puesto,
tan limpio y bien planchado.
Mirarte a los ojos celestes, como el mar y amarnos hasta el amanecer.

Sólo de pensar que te tendré conmigo está noche se me eriza el cuerpo.
Nunca me imaginé que un sacerdote amara así a una mujer, con tanta
pasión, sensualidad y ternura. ¿Quién te enseño amar así?
Tienes tantas cualidades y sentimientos lindos, que me enamoré de ti.

Muchas veces no necesitamos que nuestros cuerpos se unan en pasión.
Nuestros corazones ya están unidos por amor.

Un amor que crece, cada día más y más.

****

De Ayer A Hoy

De ayer a hoy, me doy cuenta que he crecido.
Que he cambiado, para bien.
Lo seguiré haciendo, porque somos seres humanos con ambiciones
sueños y porque queremos ser mejores y seguir creciendo cada día.

Un minuto vale mucho más que eso. Se puede ganar o perder.
Pero a quien le importa la competencia.
¡Creo que lo que realmente nos importa es ser felices!

Las criticas no me interesan. Los consejos puedo escucharlos.
Siempre hay algo nuevo por descubrir y aprender.

Hoy, me quiero más. He comprendido que la vida es corta y tengo que
aprovecharla cada segundo.

Vivir la vida a plenitud con todos sus cosas buenas y malas.
Que más da, es la única que tengo y debo cuidarla.

De ayer a hoy, todo lo veo diferente.
Todo lo que aprendí lo pondré en practica.
Estoy segura que seré más feliz.
Y por consiguiente haré felices a los que me rodean.

Al final, Dios se sentirá satisfecho al ver que puso en este maravilloso
mundo a seres humanos con consciencia que están decididos a ser
felices.

Por lo tanto darán amor y lo recibirán también.

****

Carta A Mis Amigas

*No quiero que pase un día más sin decirles que ha sido maravilloso
verlas otra vez.*

*Me pareció ayer que salimos del colegio.
Y hoy que nos reencontramos después de tantos años me doy cuenta que
no han cambiado mucho.*

*Y si lo han hecho es para bien. Siempre llevando esa alegría de
colegialas. Noté sus almas limpias y su corazón abierto al amor.
Al amor sin condiciones y verdadero.*

*Estoy escribiendo está carta con todo mi cariño para ustedes.
¡Que bueno es tenerlas y saber que si las necesitas allí estarán.!
Que bonito sentimiento es el que ustedes dan. Después de tanto tiempo,
son las mismas.*

*Las de corazón grande que te brindan su amor, confianza, honestidad,
lealtad, podría seguir enumerando muchas cualidades.
Pero no lo haré. También tienen sus defectos.
Si no los tuvieran no serian autenticas. ¡Y sí lo son!*

*Aunque no podamos vernos seguido como quisiéramos.
Sé que nuestros corazones estarán unidos con los más lindos recuerdos
de niñez y juventud.*

****

Esperé Por Ti Tanto

Esperé, por ti tanto pero tanto tiempo, que al despertar por la mañana, sentía tu presencia. Servia yo el café, tu aroma preferido, preparaba tu ropa, aquel traje azul que tanto te gustaba.
Lo tenía listo, colgado en el armario.

Cocinaba tu plato favorito, arreglaba la mesa, impecable con flores frescas, mantel blanco y cubiertos de plata, ¡estábamos de fiesta! Era lo menos que podía yo hacer.

Esperé por ti tanto. Que llegó la noche, la hora de dormir pues sabía que vendrías, no podías faltar teníamos una cita y muy especial.
Me vestí de negro, tu color preferido.

Te sentí llegar, te pude reconocer al instante. Esa fragancia que tu siempre llevabas puesta. ¿Cómo la olvidaría?
Me besaste y me dijiste, "Amor mio ya estoy aquí."

¡Qué alegría verlo! ¡Qué felicidad! Me palpito el corazón, mis sentidos vibraron de emoción, mi cuerpo no podía contener el deseo de abrazarlo, besarlo y amarlo.

La espera había sido tan larga que pensé que no la podría resistir, la ansiedad me consumía. Pero el amor sabe esperar.

Esa noche nos amamos, muchas veces, con pasión, deseo y locura.
Esperé por ti tanto.
Que la espera se convirtió, en una fantasía de amor.

****

El Mar

Nos conocimos en una hermosa playa de arena blanca, como tu alma.
Con sus aguas transparentes y penetrantes como tus ojos.
Un sol brillante como sólo tú puedes ser.

Que días tan bellos pasamos en esa playa, ni te cuento de las noches.
Pero debo describirlas por su belleza nocturna.

La luz de la luna, era la única luz que nos alumbraba esa noche de amor. Donde las estrellas se empujaban unas a otras para dejarse ver en el cielo y ser testigos de la pasión y el amor que nos teníamos.

Porque no había nada más claro y puro, que todo el amor que nos dábamos aquella noche tan especial. Que nunca borraré de mi mente y menos de mi corazón.

El vaivén del mar y su oleaje apaciguador producía en nosotros ganas de amarnos perdiendo la noción del tiempo.

¡Los amaneceres, que bellos eran! Nos daba la bienvenida a un nuevo día. Las noches iluminadas por las estrellas, dibujaban nuestros cuerpos entrelazados en su blanca arena.

Yo observaba el mar y le preguntaba en silencio.
¿Qué esconderás entre vaivén y vaivén?
¿De cuántos encuentros de amor serán testigo tus aguas profundas y cristalinas?

Estoy segura que como este amor no han habido otros.
Lo he amado tanto, que he regresado a contártelo, porque tú eres el único testigo de lo que vivimos él y yo.
Solo tú me comprenderás, mi amigo el mar.

El mar nos juntó y también nos separó.
El mar nos dió el amor pero también nos lo quitó.
Aún así, el mar seguirá siendo nuestro gran cómplice y amigo.

****

39

Fe

Qué oscuro se está aquí. No veo la luz por ningún lado.

Estoy perdido. ¿Cómo puede ser?
Si he seguido tus pasos con mucho cuidado.

Tan es así, que ni si quiera me he dado cuenta que tú ya no estás
adelante mio, enseñándome el camino a seguir. ¿Dónde estás?

¿Por qué te has ido tan pronto y me has dejado solo?
¿Es qué no me quieres ayudar a cruzar este camino tan largo?

No te entiendo, me lo has venido diciendo mil veces.
Que tú estarás siempre conmigo.
Y hoy que te necesito más que nunca no te puedo encontrar.

Mi alma se comienza a angustiar, estoy confundido.
Creo que me perderé. Si no apareces.

Te pido que lo hagas. Te pido que no me desampares.
Necesito que estés conmigo aquí.
Ya casi no tengo fuerzas para continuar.
A duras penas puedo sostenerme.

"Siempre estuve contigo, muy cerca de ti,
acompañándote en este largo camino que te ha tocado recorrer
nunca te abandoné, jamas lo haría,
tu poca fe, te hizo ver algo que no era verdad."

Solo te pido que tengas fe.

****

Gitana

*Solo de pensar en ti, ya se me aguan los ojos. Te he querido tanto que
no podría vivir sin ti, quiero que sepas que tú eres ya parte de mi.*

¡Gitana de mi corazón!

*Cuando escuchó el flamenco se me eriza todo el cuerpo y no te digo
nada del taconeo, parece que te veo bailar con ese movimiento que
enloqueces a cualquiera.*

*El corazón me palpita sin cesar, tu carita tan colorida y juvenil.
Y esas castañuelas que no dejas de tocar.*

*Eres pura vida, eres como un trompo de aquellos que solíamos jugar en
las callecitas de nuestro barrio. Un torbellino sin parar.*

*¿Qué es lo que tienes
que mi alma no para de llorar de alegría?.
¡Solo de pensar que te podría ver está noche,
ya la noche se hace día, para mi!*

*Gitana, tú sabes bien que no podría vivir sin tus tacones y todo el
colorido que llevas siempre puesto en ti.*

*Anoche pensé; "¿Dónde estará la gitana, mi amiga?"
"¿Dónde fuiste a parar, gitana de mi alma?"*

*No me rompas el corazón.
Tu bien sabes que te siento aquí muy dentro de mi, es tu sangre de gitana
la que corre por tus venas y por las miás también.*

*Me has acompañado por mucho tiempo, no te marches ahora.
No es justo para ninguna de las dos.
Gitana mi amiga ,sigue bailando y taconeando, ¡no lo dejes de hacer
nunca, que lo haces de corazón!*

*Siempre has sido incondicional, siempre has estado conmigo.
¡Hasta hemos bailado juntas ¿recuerdas?!*

Tú me enseñaste a taconear. Y no lo hago mal.

¡Ya puedo sentir tú alegría!
¡Ya estás cerca! Tú risa, contagiosa y esas castañuelas que no paras de
tocar. Y tu aroma a lavanda, lo más importante
la lavanda que usas para embrujar.

Para embrujar a todo el que se acerque a ti.
Eres tan especial que por donde vas, dejando amor y placer, estás.

Siempre fuiste mi confidente, tú sabes guardar muy bien mis más
íntimos secretos, eres fiel y leal.

¡Gitana de mi corazón!

Si, lloro me consuelas.
Si, río lo festejas, siempre estas allí conmigo y para mi.

¡Ya escuchó tu taconeo, ya llegaste!

¡Qué bello vestido llevas hoy! ¡Y los zapatos!

¡Qué bella te pusiste, como te asienta el color rojo!

El color del amor y de la pasión. ¿Será que ya te enamoraste?

¡Gitana de mi corazón!

****

Gracias Mi Dios

No sé, como expresar la alegría que tengo en el corazón.
Está dicha es tan grande que ya desborda mi alma.
Quiero decirte tantas cosas que no sé por donde empezar.
Pero empezaré dándote las gracias por tantas bondades con las que he
sido traída a este mundo.

Cualidades y defectos como todos los seres humanos, no soy una
eminencia en nada pero sí soy un ser divino en todo.
Así es como tú me has creado.

Nuestros sentidos, que sin ellos no seriamos nada;
mirar, palpar, escuchar, disgustar, oler.
Sin dejar de mencionar, el sexto sentido, la intuición.

Sólo tenemos que abrir nuestra mente, corazón y alma para entender
mejor al ser que llevamos dentro.
¡Qué es maravilloso! Seamos conscientes de lo que somos.

Que cuanto más lo descubro, más me sorprendo de la capacidad de
amor que llevamos en nuestros corazones y con una mente
extraordinaria.

Entonces. ¿Por qué perder el tiempo con pensamientos negativos?
Si podemos ser positivos en todo lo que hagamos.
Gracias, mi Dios por darnos capacidad para pensar.

Solo te pido que pienses en lo que te acabo de decir y te darás cuenta
que mucha veces perdemos el tiempo con pensamientos que empobrecen
el alma y angustian el corazón.

****

Guardián

Yo sé que me cuida, me vela de noche y también de día.

Yo sé que me escucha, mis penas y alegrías.

Yo sé que me siente, inquieta, tranquila.

Yo sé que me mira y no me descuida, lo oigo decirme.

"Contigo estoy y no he de irme

soy tu guardián, del que nunca dirás.

¿dónde está?"

Dónde quiera que tú estés, allí estaré.

****

MARÍA MANUELA PINTO

Guía Espiritual

Cuanto he aprendido en estos días, me pasaron tantas cosas lindas y nuevas que no es fácil de explicarlas.

Te sentí llegar, me hablaste, te escuché con atención, apareciste como luz, una luz brillante, hermosa, llena de paz.
Fue lo que sentí esa noche angelical.

Fue muy especial cambio mi vida por completo.
Gracias por venir, ya no puedo vivir sin ti, eres mi día y mi noche.

Me cuidas, me proteges, diriges mis pasos para que no tropiece, iluminas todos mis caminos, para no perderme.
Y lo más importante. Me amas. Te siento muy cerca de mi.

De solo pensar como ocurrió nuestro encuentro me entran unos escalofríos pero de felicidad. Porqué sé que estás aquí.

Nunca olvidaré tus primeras palabras:
"Ya estamos cerca, ya nos estamos comunicando."

Esa voz celestial me impresionó tanto, que desde ese momento nos unimos para nunca separarnos. De allí hasta la eternidad.

Eres mi guía espiritual.

****

Jardín De Flores

Son tan ricos sus aromas y tan lindos sus colores que me embrujan
todas y cada una de sus flores.

Amapolas, rosas, azucenas, violetas, gardenias, etc.
Son tantas que no todos sus nombres recuerdo.

Pero sí recuerdo las que tú me regalaste.
Aquella tarde de verano. La mejor época del año.
No sólo porque te conocí sino porque me enamoré de ti.

Que flores tan preciosas me obsequiaste y dijiste:

"Un ramillete de lindas flores para una bella dama
donde puedo ver fácilmente, la grandeza de tu corazón
no me equivoque al escogerte, como la más linda de todas."

"Eres como las flores, frescas y delicadas.
Con aroma sensual de mujer divina,
de mujer encantadora, de mujer frágil, como las rosas."

"Me enamoré de ti como un loco, pero valió la pena.
Una mujer como tu, es como encontrar en el camino, un jardín de flores
colorido, fresco y sensual. Así eres tu."

Regresé a casa y coloqué las flores en un florero y hasta hoy las
conservo en el jardín de mi corazón.

****

Lagrimas De Amor

Mirando a través de la ventana, veo la lluvia caer.
Lloverá todo el día, mojando todo lo que está a su alcance.
Está cayendo con más fuerza, con la misma fuerza con la que mi
corazón no para de llorar por él.

Lagrimas van cayendo por mi mejía sin poder controlarlas son
lagrimas de amor. De un amor que he perdido por cualquier razón.
Un amor divino, inigualable, único, un amor que ha dejado un vació
muy grande en mi corazón.

Tan grande que mi corazón no ha parado de llorar.
Desde que se fue, sufre con un gran dolor.

Lagrimas de amor, son las que seco con el pañuelo blanco que él un día
me regalo. Sin saber que secarían mis lagrimas de amor por él.

Lagrimas de amor, son las que derramo hoy.
Lagrimas de amor son las que necesito hoy, para poder olvidarle.
Y cerrar esté capítulo tan triste de mi vida.

****

<u>Los Ángeles</u>

Hay tanto que decir de ellos.
Son los mejores amigos que he conocido en mi vida.

Los hay de todo tipo, juguetones, serios, elegantes, deportivos, artistas,
pintores, bailarines, profesores, médicos, cocineros, etc.
Es decir una variedad, de todos los tamaños colores y nacionalidades.

Pasaría horas y horas hablándoles de ellos. Son incondicionales.
Sólo los tienes que llamar y vendrán para estar a tu lado y harán lo
posible por complacerte.

Nuestras almas serán guiadas por ellos si tú lo pides. Dedicales tiempo,
ellos se lo merecen, también les gusta sentirse queridos y útiles como
nosotros los seres humanos.

Dios sabía perfectamente lo que hacía cuando los creo.
Seres divinos y celestiales los mejores mensajeros del universo.

Los he visto, los he oído, los he sentido.
La sensación de paz que me han dejado es algo indescriptible.
Son subliminales.

Recibamos el regalo que Dios nos da y sintámonos bendecidos por ello.

No queramos llevar tanto peso sobre nosotros, pidamosle a ellos que
nos ayuden a minimizar nuestro carga.
Estarán felices de hacerlo.

Solamente, tienes que llamarlos y nunca estarás solo.

****

Los Frutos Del Huerto

Mañana tendré que ir muy tempranito al huerto a recoger los frutos que te encantaban comer en el desayuno.

Qué días aquellos! Los recuerdo como si fueran solo ayer.

Pero lo más bonito de todo, es que lo disfrutábamos a todo dar, jugábamos, corríamos, y hacíamos que mamá corra tras nosotras siempre fuimos muy unidas y muy traviesas.

Hasta el día que nos separamos. Me fui en primavera. Dejando a mi familia y a mi mejor hermana, tú.

Aprovecho esta oportunidad que encontré en el camino, para decirles a mamá y a ti que estoy muy bien. Si supieras que sigo recogiendo frutos lo sigo haciendo muy temprano.

"¡Hermana, no seas perezosa y levantate, ya! Que hay mucho que hacer. ¿Crees qué porque no estoy contigo allí puedes hacer lo que tú quieras? ¡Pues no! ¡Te estoy mirando y debes obedecer a mamá!"

No te preocupes por mi, yo sé que siempre me llevas en tus pensamientos, al igual que yo te llevo conmigo en mi corazón. Recuérdame siempre con alegría, de esa manera me harás muy feliz.

¡Mañana muy temprano vendré e iremos al huerto, como antes, y no se lo digas a mamá !

****

Mi Hada Madrina

Me gustaría ver a mi hada madrina.
Desde que era niña siempre había escuchado que las hadas madrinas
visitaban de noche o de día. ¡De cualquier forma, pero que venga ya!

Recuerdo que a mis amigas, Angela y Margarita las visitó su hada
madrina. "¡Es impresionante verla!" me dijeron.

"Por qué hasta hoy, no te ha visitado?" Me preguntaron.

Desde ese día, siempre he tenido la curiosidad de conocerla. Me hacía
mucha ilusión. ¿Cómo será ella? Me preguntaba.

Los que la habían visto la describían como gorda, flaca, alta, bajita.
No importaba el tamaño porque todas tienen
una cara angelical. Me decían.

Yo estaba ansiosa de verla.
Hasta que una noche ya en cama para irme a dormir, leía mi libro
preferido, escuchó una voz delicada, como si fuera un murmullo.

Estaba entre despierta y dormida, pero la oí claramente.

"Natalia, Natalia."
¡ Me llamó por mi nombre! Rápidamente le contesté.
"Aquí estoy, si te escuché . ¿Quién eres que conoces mi nombre?"
"Tu hada madrina. A la que siempre has querido conocer."

¡Yo quedé completamente inmóvil no lo podía creer!.
Después de tantos años esperando por ella y se presenta ahora.
¡Cuando estoy a punto de casarme!

Y me dijo, "No importa la edad, ni el momento, ni la circunstancia
nosotras las hadas madrinas venimos a visitar sin importar los años que
tengas. Todos los que creen en nosotras deben ver a su hada madrina,
aunque sea una vez en su vida, tenemos esa tarea y la hacemos con
mucho cariño y dedicación."

"Es hoy el día perfecto para presentarme ante ti y decirte que mi
nombre es Quía. Vengo desde muy lejos. Pertenezco a un reinado de una
lejana galaxia. Lo importante es que ya estoy aquí contigo."

*"Vengo a desearte la mayor felicidad del mundo.
A decirte que estaré presente el día de tu boda. Recuerda que soy tu
hada madrina y tengo deberes que cumplir y uno de ellos es
acompañarte en ese día tan especial."*

*"De ahora en adelante cuando me necesites solo tienes que llamarme
vendré lo más rápido posible, vendré en avión, si es necesario." Me lo
dijo, echándose a reír, tenia un buen sentido del humor.*

*Se retiro de mi habitación dejando una fragancia sensual y delicada.
Un aroma entre violetas y rosas.*

*Ella era de mediana estatura, ojos celestes, cabello rojizo, y muy
delgada. Vestía un traje y zapatos color violeta.
Con un shall verde lima y un pañuelo color rojo amarrado al cuello.
¡Era pintoresca, llamativa, y muy bonita!*

*Pero antes de marcharse me dijo"
"Yo, alumbraré tu camino bajándote las estrellas del universo.
Le daré color a tu vida acercándote el arco iris.
Y para tus oídos tocaré el arpa celestial."*

¡Qué más podía pedir! ¡Era fantástica!

¡Gracias por venir!

****

Navidad

Navidad, una palabra tan linda que al pronunciarla sólo nos puede traer los más hermosos pensamientos, recuerdos, nostalgias, inquietudes, alegrías, muchos sentimientos, todos con mucho amor.

Una de las más lindas épocas del año.
Personalmente pienso que es la, Navidad.
Es como magia. Porque trae muchos cambios en todos nosotros.
Nos da la oportunidad de celebrar la unión de todos los que creemos en la Navidad, una gran celebración. Porque nace el niño Jesús.

En está fiesta inigualable hacemos lo imposible por reunirnos con nuestros seres queridos ó amigos.
Nuestros corazones se llenan de alegría y nuestras almas brillan con una luz que sólo la Navidad puede traer a nuestras vidas.

Los niños son los que más la esperan. Una fiesta muy esperada por todos. Es tiempo para amar, perdonar, complacer y por supuesto, dar sin esperar nada a cambio.

Lo más lindo que nos trae la Navidad, es la unión de todos los que amamos, aunque estén lejos en la distancia cerca en el pensamiento y el corazón.

¡Feliz Navidad!

****

Para Ti

Que siempre vea tus ojos mirarme, tu dulce carita poder acariciar.

Sentir tu calor, tu risa, tu llanto.

Eres tan natural como las verdes montañas y el

celeste mar. Caminas descalza, hablas con los pájaros y hasta sabes

cuando lloverá.

Que los ojos de mi alma siempre te vean sonreír.

Que Dios te proteja e ilumine tu camino,

Para ti, mi muñeca, con todo mi amor.

Mamá.

****

Pensando En Ti

Que no te nuble el desespero y la angustia.
Que muchas veces te invade el alma.

¿Por qué afligirse por aquellas cosas que son insignificantes, al lado de las cosas lindas que te brinda la vida?

Despertarse por la mañana ver el sol entrar por tu ventana.
Saludar al nuevo día con una sonrisa, sentirte pleno y agradecido por ese día más que te da la vida.

Ponerse en contacto con la naturaleza. Observarla, dar un paseo al aire libre, oír los pájaros cantar, y si llueve y nos mojamos, mejor aún, el agua es un gran purificador.

Conectarse con la naturaleza es conectarse con Dios.

La vida nos regala tantas cosas bellas, que muchas veces no las vemos, porque no las queremos ver.
Y las tenemos tan cerca y al alcance de todos nosotros.

Tenemos que aprender a observar y escuchar, porque somos seres sensibles, que tenemos la habilidad de sentir y percibir.

Arreglaríamos todas nuestras penas del alma si tan solo nos escucháramos más seguido.

Mira hacia dentro de ti mismo y veras que eres grande, tan grande como aquel rayo de luz, que comienza a entrar en tu alma, ahora puedes sentir la alegría de vivir a plenitud.

Porque, ese rayo de luz es el mismo Dios, que está contigo y no te abandona, siempre lo tendrás. Escucha a tu corazón y lo encontraras.
Solo quería decirte que hoy estuve pensando en ti.

****

Perdón

Perdóname, te lo pido desde lo más profundo de mi corazón.
Jamas volvería hacer lo que te hice.

Sé que sufriste mucho, sentiste que se te acababa el mundo y que la
vida se te iba. Créeme que nunca pensé que el daño sería tan grande.

Somos seres humanos, no quiero excusarme tras está frase.
Pero sólo hoy, después de todo lo que paso, me doy cuenta que somos
capaces de hacer sufrir a los que más queremos.

Acepto mi error y quiero que tú aceptes mi perdón.

Viviremos más tranquilos con nuestra consciencia de lo contrario nunca
podremos volver a ser felices.

Perdonar es un proceso, no es sencillo pero tampoco imposible.

Perdón, una palabra muchas veces fácil de pronunciar y difícil de
aceptar. Pero tú sabes que crecemos como personas, si perdonamos.

Equivocarse es de humanos, estamos aquí para cometer errores y
también estamos aquí para saber reconocerlos.
Como yo lo estoy haciendo.

Ahora te toca a ti perdonar y seguir los deseos de tu corazón.
Porque sé que tú eres una gran persona.

Todavía no has terminado de leer está carta y siento que ya me has
perdonado. Las heridas demoraran en cerrar pero lo harán.
Es allí donde nuestros corazones se unirán o se alejarán
para seguir su destino.

****

Piedra Preciosa

Te encuentro tan bella con un brillo singular.

No solo eres bella por fuera sino más bella aún por dentro.
Podría asegurar qué estoy enamorado de un:

Rubí, esmeralda, zafiro, aguamarina, topacio, turquesa, amatista, etc.
Cualquiera que sea su nombre. Eso eres tú.

Eres como un ángel bajado del cielo.
Un arco iris en todo su resplandor.
Una noche iluminada por las estrellas,
Un sol brillante que me ciega de felicidad,
Un campo verde con hierba fresca.

Es así tu belleza, tan natural.

Una joya espectacular que se mira y se mira y no se puede dejar de
admirar. Una piedra preciosa.

A la que debo de tocar con mano de seda para no dejar huella de mi
amor. A la que debo decirle que la amo solo con el pensamiento para no
opacar su brillo.

Una piedra preciosa, fue la que me encontré y me enamoré.

Una joya con cara y cuerpo de mujer,
apasionada y totalmente sensual, que brilla con luz propia,
así eres tu mujer preciosa.

****

Placer

Que placer me da tu mirada.
Al ver tus ojos tan hermosos. Como si hablaran.
Sé, que me dicen . "Te quiero."

Que placer me dan tus labios.
Que al besarme, solo puedo sentir una magia pasional.

Que placer me dan tus manos.
Que al tocarme siento que enloqueces de amor por mi.

Pero el placer más grande es saber que nuestros corazones se unirán
para siempre en un lugar maravilloso.

Donde, nuestros cuerpos y almas se complementaran para disfrutar de
ese placer que sólo nosotros somos capaces de sentir.

Hay tantos placeres en está vida.
Pero el placer más grande es indudablemente, el de amarse.

¡Que sentimiento tan grande es el amor!
Tan solo pronunciarlo ya produce una sensación de felicidad en
nosotros.

****

Positivismo

"Amanecer, amanecer, quien pudiera siempre amanecer..... escuchar los pájaros cantar, un rayo de luz asomando por la ventana, la brisa fresca en mi cara, nace un día nuevo, nace una esperanza. amanecer, amanecer, quien pudiera siempre amanecer."

Un pequeño poema que me vino a la mente un buen día muy tempranito. Donde, sin darme cuenta, empezaba hacerse realidad mi sueño.

Y es completamente verdad, cuando digo, amanecer, amanecer... Porque estamos despertando a un nuevo día un regalo más de está hermosa vida que Dios nos ha dado. Es para disfrutarla y sacarle provecho en forma positiva.

¿Y qué tenemos que hacer? Cambiar. No importa de que tamaño sea tu problema. Estemos pasando por problemas grandes o pequeños, hay que cambiar.

Pero la actitud es lo que cuenta para todo. La actitud positiva. Levantarte por la mañana, y decirte a ti mismo; "sí puedo, no me venceré, saldré adelante, hoy es el día de mis logros de mis triunfos y oportunidades."

Y si no te sale bien todo lo que te has propuesto para ese día es sólo un día. No son todos los días del mes. Además somos seres imperfectos, aprendes para la próxima vez, que te aseguro que la vida te dará la oportunidad que lo logres.

Positivismo, esa palabra que para muchas personas no la tienen como número uno en su vocabulario. Una palabra tan simple y lo que ayuda.

Ahora, ser positivos no quiere decir que todo te va salir perfecto. Acuérdate que somos imperfectos, así fuimos creados para tratar de perfeccionarnos, nada más.

Te imaginas el mundo lleno de perfectos.
Qué aburrido. ¿Verdad?

Es tu actitud, lo que cuenta. Como aprender a enfrentar lo que te
pudiera salir mal. Yo diría que allí esta la clave para solucionar casi
todos nuestros problemas, tan sencillo.
Sólo tienes que cambiar tu actitud pensando positivamente.

La vida de por si ya es complicada y ahora en estos tiempos te
encuentras dificultades por donde quiera.
Pero es allí donde empleas tu positivismo y por lo menos podrás ver tus
problemas de otro angulo.

Y te darás cuenta que todo, todo tiene solución.
Unos más fáciles que otros pero las encontrarás.

****

Qué Hermosa Es La Vida

Despertar por la mañana.
Ver el nacimiento del día como cuando nace una flor.
¡Abriendo sus pétalos uno a uno, me llena de esperanza, porque tengo
veinticuatro horas para ser feliz y lo aprovecharé!

Vivir otro día más, llenándolo de alegrías, ilusiones,
sueños, que debes cumplir, metas que tienes que alcanzar.

Tener una deliciosa cena, ¡engreírte, que te lo mereces!
Una charla con una querida amiga, compartir penas y alegrías.
Ayudar al que lo necesita, hacerle compañía alguien que se sienta solo,
escucharle, darle cariño.
Hay tantas formas de dar y recibir amor.

Tus horizontes se ampliaran, no te limites.
Sigue tu instinto que siempre está alerta.
Escucha tu voz interior que es muy sabia y encontraras las pautas.
Llegaras a donde tengas que llegar.
Confiá en ti mismo.

Pedir una disculpa por algo que dijiste sin querer, como personas que
somos nos equivocamos, pero tenemos la facultad de reconocer lo bueno
de lo malo y aprender cada día más.
Sonríe y si no lo haces con frecuencia. Aprende.

Si no tienes un amor de pareja, buscalo, depende de ti.
Si no lo encuentras es porque no lo necesitas.
Porque ya tienes amor en tu vida, para dar o recibir, es lo mismo.
Tienes el sentimiento que es el motivador de tú existencia, que sera tu
alimento día a día.

Me quedaría escribiendo muchísimas razones más porque la vida es
hermosa. Pero creo que para prueba basta un botón.

"Lo más grande se hace pequeño y lo más pequeño se hace grande."

****

Quererse A Si Mismo

Está carta es para todas aquellas personas que creen
ser las últimas de la lista. pero si ellas quieren también pueden ser la
primera. Yo les pregunto:

¿Qué hiciste el día de hoy?

¿Te preocupaste de ti mismo?

¿Te quisiste un poquito más ?

¿Te trazaste nuevas metas?

¿Te compraste ese vestido que tanto te gusta verlo
por las vitrinas de aquella tienda.?

Arreglaste la mesa, le pusiste flores frescas,
y un lindo mantel, ¿para ti?

¿Te serviste una copa de vino,
en la copa que solo usas para los invitados?

¿Por qué hacerlo para otros,
si lo puedes hacer para ti mismo?

Muchas preguntas. Todas con una sola respuesta.

De ahora en adelante, tú seras tu propio invitado de honor. Así debes
tratarte todos los días, con atenciones, cuidados, esmero y amor, por ti
mismo.¡Porque tú eres el protagonista de tu vida!

Hiciste una lista de todas las personas a las que tenias o querías
ayudar, pero tú quedaste para el final.
Ayudar al prójimo es importante pero nosotros también lo somos.

Tenemos por costumbre dejarnos para el último.
Si nosotros nos ponemos al final de la lista.
¿Quién nos pondrá al principio de la misma?
Solo nosotros mismos.

Empecemos primero por nosotros, es la única forma que podemos
cumplir con nuestras metas en está vida.
Nadie vendrá antes y te dará tu lugar.
Solo tú lo puedes hacer.

Es hora de cambiar para nuestro propio bien.
Debemos de querernos más porque merecemos disfrutar de las cosas
bellas que hay en este hermoso Planeta.

La fuerza de voluntad es fundamental para todo cambio.
Nuestra actitud debe ser positiva.
Nuestras prioridades deben cambiar.

¡Seamos felices, con las maravillas que puso Dios a disposición de
todos los seres humanos!.
Solo hay que buscarlas para saber que están allí.

Si, nos amamos primero, podremos amar al prójimo y dar todo lo que
estamos recibiendo día a día.

¿Quiénes notaran el cambio?
Primero nosotros y después los seres que amamos.

¡Te aseguro que te lo agradecerán!!

****

Querido Mio

*Quiero decirte mediante estas lineas que siempre te he querido.
Recuerdo cuando eramos niños, todos en el barrio pensaban que algún
día nos casaríamos. Porque siempre andábamos juntos.
No nos separábamos para nada.*

*¡Que tiempos aquellos, tan lindos! Fuimos creciendo y hasta nosotros
mismos pensábamos que algún día nos juntaríamos para siempre.
Que inocentes eramos.*

*Pasaron los años y nos fuimos alejando por alguna u otra razón.
Tú te fuiste lejos. Te mudaste con tu familia a otra ciudad.
Yo me quede en el pueblo.*

*En nuestra adolescencia todavía nos escribíamos una que otra carta.
Hasta que llegamos al punto de no saber nada,
tanto del uno como del otro.*

*Soy novicia, una novicia que dejara la iglesia pronto.
Siempre he tratado de servir a Dios y creo que lo he hecho bien, siempre
cumpliendo con mis obligaciones.*

*Hoy, me doy cuenta que tú sigues en mi corazón.
Y no quiero engañar a la iglesia, la respeto mucho, como tampoco
quiero engañarme a mi misma.
Y he decidido colgar los habitos porque siento que debo hacerlo.*

*La verdad debe prevalecer ante todo. No tengo derecho a entrar en tu
vida así derepente, pero siento que debo decírtelo.*

*Te escribo para que sepas lo que me pasa y cuales son mis sentimientos.
Sé que no te has comprometido aún, que no has formado todavía una
familia, sé también que siempre me has amado como yo a ti.*

*Tu hermana, Victoria, llegó un día a visitarme al convento.
Y me lo contó todo. Que estas solo y que sigues enamorado de mi.
Nunca me olvidaste. Estoy segura que aún estamos a tiempo de unir
nuestras vidas para siempre.*

Buscame, tú sabes donde vivo.
En el mismo pueblo y la misma casa donde muchas veces de niños
jugábamos y de adolescentes tratábamos de estudiar pero terminábamos
enamorándonos más.

Te espero, sé que llegaras y uniremos nuestras vidas.
Nunca es tarde para el amor. Haremos realidad nuestros sueños.
Siento que nuestros corazones se juntaran.

Y nos amaremos en la cabaña.
La cual usábamos para jugar de chicos. ¿Recuerdas?

Era y será nuestro lugar preferido.

Nos alumbrará y acompañará nuestro amigo y cómplice, el único
lucero, el más grande de todos los luceros,
el que siempre aparecía en nuestras noches románticas, cuando
soñábamos con el amor.

Mi corazón me dice que pronto vendrás a mi.

****

Recuerdos

Tengo tantos lindos recuerdos de ti.
Que son los que me mantienen viva.

Traería a mi memoria tu risa contagiosa, tu juventud, tus palabras de
amor, tu buen sentido del humor y también tus caprichos.
Toda esa combinación de sentimientos que siento por ti.

No puedo contener el llanto cuando pienso en ti.
Ya sean lagrimas de tristeza o de alegría, eso me produces tú.
A pesar de tantas lunas, que ya no estás conmigo.

Recuerdo cuando subíamos a las montañas, el olor a hierba fresca, nos
sentábamos en la cima y tú me decías;
"Mira que pequeño se ve todo a nuestro alrededor, pero que grande se
ve el sol! Así es mi amor por ti."

Siempre fuiste un soñador, un enamorado de la vida,
un niño travieso, un bromista.

Amabas la naturaleza, cuando había luna llena, íbamos a la playa
y nos sentábamos a contemplarla, tú me decías;
"Mira la luna que grande que está! Así es mi amor por ti."

Ya no te tengo más, sólo me quedan tus recuerdos.
Los que guardo en lo más profundo de mi Corazón.

Nunca te olvidaré.

****

Reencuentro

Estoy esperándote, cuento los minutos, las horas, los días, los meses.
Todo este tiempo se me ha pasado tan rápido,
con la ilusión de reencontrarnos.

Y que nuestros cuerpos se unan en una pasión indescriptible que solo
nosotros la conocemos, floreciendo aun más nuestro amor.

Mi corazón palpita ya sin cesar, yo te espero con gran ansiedad.
Espero que te guste el lugar que he preparado con mucho amor para ti.

Estuve todo este tiempo arreglando nuestro nidito de amor.
Quiero lo mejor para nosotros. Puse detalles que estoy segura te
gustaran. Como las flores blancas y frescas. ¿ Las recuerdas?

Eran tus preferidas, solías olerlas cada mañana, y me decías:
"Qué delicioso aroma tienen! El mismo aroma sensual que tiene tu
cuerpo al despertar cada mañana."
Tú siempre tan detallista, amoroso y galante.

Dándomelo todo, no necesitaba pedirte nada. Hasta llegue a pensar que
eras un brujo, un brujo enamorado y hechicero que sabía leer mi
pensamiento. Siempre sabias antes que yo lo que deseaba o sentía.

Te estoy preparando una tarta de naranjas.
¡Cómo te encantaban las naranjas! Recuerdo cuando corríamos por el
campo para recoger naranjas de los arboles.
Siempre tú llegabas primero que yo, las arrancabas con fuerza y le
ponías tremendo mordisco.

Y así con el jugo fresco que corría por tu boca, me besabas sin parar.
Terminábamos acostados en la hierba natural.
Tenias la sensualidad a flor de piel. ¡Qué tiempos aquellos!

Son los momentos de amor los que me tienen de pie con ilusión y
esperanza. Si te dijera que estoy como cuando tenía quince años, con
muchas mariposas en el estomago.

Nuestro reencuentro, sera de lo mejor, ya lo veras.
No te arrepentirás del paso que estas dando.
No hay porque temer, nuestro amor es muy grande y lo superará todo.

Ya está oscureciendo, las estrellas ya comenzaron a brillar en el
firmamento y la luna aparece con toda su hermosura.
Ella será la única testigo de esté encuentro pasional.

Nuestra cama llevara sabanas de seda.
En las cuales nuestros desnudos cuerpos encontraran la armonía que
necesitamos.
Para emprender el viaje pasional que nos espera.

¡Por fin! El reencuentro esperado lo siento venir.

****

<u>Semana Santa</u>

En estos días de fiesta, celebrando la Semana Santa.
Es ideal para poder meditar, contactar con nuestro yo interno, descubrir
sentimientos que han estado escondidos y no hemos tenido el tiempo de
sacarlos a flote.

Estos días de recogimiento los debemos de aprovechar al máximo.
Hay mucha gente que aprovecha la Semana Santa para salir de viaje y
romper la rutina del diario vivir.

Pero también me parece perfecto el momento para prestarle atención a
nuestra parte espiritual.
Así como le prestamos atención a nuestro cuerpo y mente.

Hoy en día la gente habla mucho de la espiritualidad que todos nosotros
llevamos dentro y que por diferentes razones no le hemos acabado de
dar la importancia que realmente merece.
Pues es el momento de hacerlo.

Se imaginan si gran parte del mundo la pusiera en practica.
No quisiera ser muy optimista al pensar así, lo cual sería mucho pedir.
¡Sería algo maravilloso!

Seriamos capaces de poder vivir mejor en todo el sentido de la palabra.
En este mundo maravilloso que Dios nos ha regalado y que nosotros los
seres humanos, no lo hemos cuidado como debería ser.
Y después nos quejamos de tantas desgracias,
que pasan en nuestro entorno.

Los ángeles y las energías del universo, están esperando que te
comuniques con ellos, que les cuentes tus penas, angustias, alegrías,
tus proyectos en fin lo que tu quieras.

Ellos, te ayudaran muchísimo no te sentirás solo.
No hay porque estarlo. Teniendo a seres divinos cerca de nosotros.
y si no los has podido sentir aún, llamalos.

Ellos, vendrán encantados de la vida a ayudarte
y darte apoyo espiritual.

Por está razón aprovechemos los días de Semana Santa y pidamos por
todo aquello que queremos.

Las familias se reunirán para celebrar la resurrección de Jesús.
El hijo de Dios, que vuelve.
Para salvar a la humanidad que lo necesita tanto, ahora más que nunca.

Que mejor momento para la meditación y comunicación.

Que tengan una excelente Semana Santa.

****

Siempre Hay Algo Que Aprender

"¿Bailas? ¡Sí, me encantaría!"
Así empezó nuestro amor. Desde aquel día que bailamos tan pegaditos
no, nos separamos más.

Fue un camino lleno de flores el que tú me regalaste. ¡Qué felices
fuimos! Todo nos parecía color de rosa.

Era el amor. Que palabra tan grande y maravillosa. Yo no sabía que con
amor se podía conseguir tanto.

Pero al pasar el tiempo el amor cambio. Era distinto, yo diría que era un
amor más maduro, con experiencias de todo tipo, malas, buenas.
Pero había que pasar de todo para seguir adelante como pareja.

Crecer juntos. Pues eramos tan jóvenes en esa época.
Que aprender era lo que teníamos que hacer.
"Salir adelante" Una frase bastante complicada.
¿Cómo se aprende a salir adelante?

¿Quién nos enseña los secretitos de la vida?
¡Nadie! ¡Absolutamente nadie!.
Nosotros lo hacemos cayéndonos a diario y levantándonos igual.
Pero así es la vida cotidiana de todos los humanos.
Creados para eso, para aprender.

Criamos a nuestros hijos con amor y les enseñamos los valores que
hasta hoy los tienen.
Los cuales son los pilares de sus vidas, respeto, agradecimiento y sobre
todo amor. Que es lo más importante del mundo.

Creo que hemos hecho lo que más hemos podido.
Siempre con esfuerzo nada es gratis. Siempre hay algo que pagar.
Así es como se aprende a vivir.

Y, a estas alturas de la vida sólo quedamos los dos, y me pregunto:
"¿Hay algo más que debamos aprender?"

" ¡Sí, ahora tenemos que aprender a vivir solos!"
Nunca dejamos de aprender, la vida es un constante aprendizaje.
Es la única manera de vivir y ser felices.

Y tú me preguntas; "¿Bailamos?"
"¡Claro que sí!"

Nos queda todo el tiempo del mundo, ahora que somos dos.
Como cuando nos subimos al tren del amor y decidimos empezar nuestra
propia historia. Solo tu y yo.

Es hora de bajarnos en la próxima estación.

Y emprender una caminata larga pero felices.
Mirando hacia adelante y si volteamos a mirar hacia atrás, sentir que
hicimos todo lo que pudimos y quisimos.

¡Satisfacción completa!

Caminaremos de la mano recordando,
todo lo felices que fuimos. Hoy y siempre.

****

Soledad

*Que pena inmensa siento en estos momentos. Al ver tu retrato y no verte
en mi entorno. Escuchó a mi alma llorar y siento mi cuerpo desvanecer.
Dejaste mi cama y mi corazón vació.*

¿Qué nos paso después de tanto amor?

*¿Qué sucedido en nuestras vidas? Es qué la tristeza, llamo a mi puerta
entro sin darme cuenta y se quedó?*

*Quiero pensar que todo esto es una pesadilla.
Un mal sueño y que pronto despertaré.*

*Siempre valoré que tú estuvieras aquí conmigo y ahora que no estás no
lo resistiré. Soy devil y le temo a la soledad.
Creo que no hay ser humano en la tierra que no tema estar solo.*

*Le he querido tanto y amado tanto que ya no tengo más amor que dar.
Soy como una flor marchita, la cual está muriendo de sed sin poder
tomar el elixir de tus besos.*

*Tú, te llevaste mi corazón, las ganas de vivir, mis alegrías para siempre.
Ahora, solo me queda la tristeza, la pena y la melancolía.*

*Tres sentimientos que pretenden quedarse conmigo.
A los cuales quiero tener lejos, muy lejos de mi.*

*La soledad dejara una huella profunda en mi alma y mi corazón.
Que será difícil de borrar.*

****

Suspiro De Amor

Suspiro por ti. Suspiro por ellos. Y también por mi.

Suspiro por todo lo bueno y malo que viví.

Suspiro por la vida que linda es.

Y la muerte que mala, no es.

Suspiro por el presente, por el pasado que ya no esta,

y por el futuro, que no sé que traerá.

Hay mucho por que suspirar.

Pero el suspiro más grande que tengo que dar,

es por todos ustedes, mi familia.

A los que tanto amo y tanto amor recibo día a día.

Amor del bueno, limpio y puro.

Seguiré suspirando mientras tenga vida.

Y cuando muera, lo seguiré haciendo.

Ahora si me despido pero antes, daré un suspiro más,

pero no el ultimo, un suspiro de amor es lo que tengo en mi corazón.

****

Taza De Té

¡Qué, aroma más rico salía de mi cocina!
Solo podía ser el delicioso té de esencias mixtas, que yo estaba a punto
de tomar. ¡Cuándo apareciste tú! En mis pensamientos.

Vino a mi memoria un recuerdo tras otro. Nuestras largas charlas,
momentos de amor, de amistad, de complicidad, de locura, es decir lo
pasábamos tan bien que perdíamos la noción del tiempo.

Recuerdo como si fuera ayer, que me pedías una taza de té.
La preparaba con tanto amor para ti, que tú preguntabas:

"¿Qué le pusiste a este té tan delicioso?"
Yo te contestaba. "Sólo amor."
Era nuestro momento de paz y de tranquilidad.

Hacíamos mil planes, viajábamos con nuestra imaginación a lugares
únicos de ensueño, podíamos estar conversando de nosotros hasta que el
aroma de ese riquísimo té, se iba desapareciendo.

Lo cual indicaba que se acababa el té y nuestro encuentro también.
Pienso en los momentos tan bellos que pasamos.
Y de pensar que todo empezó. Con una taza de té.

Me dispongo a tomar el té.
Solo que en está ocasión, tú no estás aquí conmigo, para disfrutarlo.

Pero estoy segura que nuestros pensamientos sí lo estarán.
Porque el aroma de té que estoy tomando, llegará hasta ti.

Y te estaré esperando. Con una taza de té.

****

Te Extraño Mi Amor

Extraño, aquella época que para mi fue la mejor.
Llena de misterio, la cual usábamos para poder vernos y sacar a flote
todo ese amor que nos teníamos.

Tú amor, por mi era de delirio, llegue a pensar que tal vez todo era una
ilusión, donde no quería ver la realidad.
Pero era tan real, como el habernos amado, de esa manera.

Extraño, tus caricias, tus besos de fuego, tu cuerpo mojado de agua
salada, los momentos en silencio, donde no hacía falta hablar.
Donde no hacía falta nada que no fuéramos nosotros dos.
Enamorados por siempre.

Yo no entendía. Como se podía extrañar de esa manera.
Por momentos me faltaba el aire, te convertiste en mi oxigeno y mi
voluntad.

Los días pasan sin sentido para mi.
Las noches se me hacen largas, interminables.
Mi vida sin ti, nunca será la misma.

Mi cuerpo siente frió, ya no estás tú para darme el calor de tu amor.
Un amor sin igual, que día a día se encendía y crecía.
Convirtiéndose en pasión. Una pasión indescriptiblemente irracional.

Te extraño mi amor.

****

Tú Amante

Soy tú amante y que hay de malo en eso. Tal vez todo o nada.
Me da pena decirlo, pero esas pocas horas que me dedicas significan
mucho para mi. Son horas robadas, por amor.

No sé. Sí estas comprometido. Y por ahora no lo quiero saber.
Lo único que sé, es que te conocí un día muy lluvioso y frió.
Que al mirarte, sentí un calor, que me recorrió todo el cuerpo
transformando aquel frió invernal, en verdadera pasión.

Te quiero con locura. Me has enloquecido de amor.
Tal vez sea egoísta y no piense en nadie más, pero te amo y seré tu
amante por todo el tiempo que tú quieras.
Así estoy de enamorada, me conformaré, no te exigiré nada.

El amor no se compra ni se ruega. Pero si tuviera que hacer eso y más
por ti, lo haría sin pensar. Tu calor, tus besos, tus caricias, tu forma de
amar, me han convertido en tu esclava.
Tú, me produces una pasión indescriptiblemente subliminal.

"¿Es qué hay un momento preciso para amar y escoger a la persona
correcta? ¿Es el amor el qué nos escogé?"
No lo hay. El amor llega y se posesiona de nuestro corazón invadiendo
todos nuestros sentidos, dejándonos desvalidos, ocupando todo y cada
milímetro de nuestro cuerpo, alma y mente.

Lo único que sé. Es que el destino nos preparó este encuentro
maravilloso, que no quisiera que termine nunca.

¿Quién puede contra el destino?
Ya lo tiene todo preparado y hace lo que quiere con nosotros.
Somos marionetas de cartón para él,
nos junta y nos separa cuando menos lo pensamos.

Hoy, nos toco a nosotros pasar por esta prueba de amor y no nos
gustaría ser juzgados. Por eso amor mio, no perdamos más el tiempo
que ya comenzó a correr el reloj. Y tú sabes que el tiempo es nuestro
primer enemigo.

****

Sonrisa

Una vez me dijiste, " ¡Qué hermosa tu sonrisa!"

Desde ese día perdí la cabeza por ti.
¡No sé, qué me paso, pero me enamoré!

" ¿Amor a primera vista?" o " ¿Amor a la primera sonrisa?"

Pero tú también perdiste la cabeza por mi.
Te enamoraste como un adolescente. Eramos dos locos enamorados
colgados de una nube de algodón blanca.

Que tiempos tan lindos aquellos. Nos llegamos a conocer tan bien como
si fuéramos hechos uno para el otro.
¡Teníamos los mismos gustos y hasta peleábamos a la misma hora!

Tú, siempre me decías:
"Nunca pierdas esa hermosa sonrisa me enamoré de ella, es angelical y
sensual, sabes que con una sonrisa lo consigues todo.
Me tienes en tus manos, loco de amor por ti."

La vida continuaba y nosotros estábamos más felices que nunca,
pasando las veinticuatro horas del día juntos.

Hoy, ya no sonrió más, ese amor tan lindo se fue para siempre.

¿ Dónde estará? ¿Con quién pasara sus días y sus noches?
¿A quién le dará su amor?

La tristeza me invade y no creo que vuelva a sonreír,
como lo hacia antes.

Se fue llevándose mi amor y mi sonrisa.

****

Una Amiga Que Fue

Después de algún tiempo de no verte, has cambiado, mucho, poco.
No sé. No te reconozco. Yo también he cambiado.
Tenemos esa condición humana de cambiar.
Tal vez un día fue una linda amistad pero hoy, ya no lo es más.

La vida nos junta otra vez. Y por más que trato de acercarme a ti,
hay algo que no me deja hacerlo.
No es fácil decir esto. Pero lo tengo que hacer.
Mi consciencia quedara más tranquila al saber que hablo con la verdad.

Para que buscarle explicación a todo.
Queremos indagar en lo profundo cuando lo más simple lo tenemos en
frente. No tenemos casi nada en común.

Pensamos distinto. Creo que somos diferentes. Hoy me doy cuenta que
siempre lo hemos sido. Pero ahora es el momento de despedirnos y no
trataré más de comprender lo incomprensible.
Fue bonita nuestra amistad, en lo que duro.

Nos separan muchísimas cosas que no me atrevo a enumerar.
Mil razones. Tu con tus ideas, yo con las mías. No me gusta juzgar a
nadie, somos libres para ser y pensar lo que queramos. Respetándonos.
Lo mejor es que cerremos este capítulo de nuestras vidas aquí mismo.

Tendré los mejores recuerdos de nuestros encuentros.
No es malo no ser compatibles pero tampoco es bueno.

Por lo que es mejor, coger cada una su camino y si alguna vez nos
encontramos, nos saludaremos y preguntaremos por nuestras vidas y
seguiremos nuestro rumbo.

Así como la vida nos junto en algún momento. Hoy nos separa.

Te deseo lo mejor de este mundo. Suerte.

****

<u>Una Amiga Sin Invitación</u>

Les presentaré a una amiga que estoy segura la conocen y bien de cerca.

Ella nunca es invitada pero.....

La he sentido cerca. Muy cerca. Hasta he pensado que ya vivía conmigo hace un tiempo. La he tratado de ignorar pero no ha resultado. Ella insiste en quedarse y lo peor de todo es que muchas veces lo consigue.

Pienso que ella busca compartir con alguien su estadía pasajera. Seguro se siente sola y quiere compañía.

Le he preguntado:
" ¿Cómo puede ser que te suceda algo así precisamente a ti? "

Me ha contestado así:
" La gente trata de evitarme, pensando que soy una mala compañía, pero no es así. Lo que no saben es que no soy ni buena ni mala. Soy necesaria y todos me necesitan en algún momento de sus vidas. Aunque muchas veces traten de ignorarme. "

¿Qué podría hacer yo para sacarla de mi lado si algún día me tocara su compañía? Me preguntaba.

Un buen día sin darme cuenta. Yo entré en su vida. Y ella muy sutilmente se fue acomodando a la mía. Recuerdo que en muchas ocasiones y en diferentes circunstancias, en la tranquilidad de mi casá. Ya la sentía llegar.

¿Pero de quién estoy hablando con tanta naturalidad?

Se llama Soledad. ¿La conocen? ¿Alguna vez los visitó y se quiso quedar? Pues ella también busca compañía. ¡Increíble! Pero es así de simple. ¡Ella también está sola!

Soledad, va llegando y entra por la puerta de tu casa se acomoda en tus sentidos, tu mente, tu corazón y sin darte cuenta. Ya es tu compañía.

Pensándolo bien no es mala idea tenerla de amiga. Cuando no quieres hablar con nadie, ella está allí para escuchar tus quejas y alegrías. En silencio, un silencio donde parece algunas veces no tener fin.

*Soledad, se irá cuando tenga que irse. Y si la necesitamos. Ella vendrá.
Es una amiga fiel.*

*La verdad, es que nos hemos hecho muy buenas amigas.
Muchas veces ni nos pedimos, ni exigimos nada.
Yo le dejo su espacio, y ella me deja el mio.*

*Aunque parezca un poco absurdo decirlo.
La necesitamos mucho más de lo que creemos.*

*Nos ayuda a tomar decisiones, a pensar, a soñar, a curar penas del
corazón y mucho más.*

Soledad. Una amiga sin invitación.

¡Ya tiene invitación!

****

Una Carta Desde Cielo

Era muy temprano. Las cinco de la madrugada tiempo de irme. No llores mamá, no llores papá. Era lo primero que pensé al sentir mi corazón latir muy despacio, casi sin fuerzas.

Había llegado mi hora de partir. De conocer el otro lado. Aunque ya me habían preparado mis ángeles de la guarda, como yo les llamo, ellos han estado viniendo últimamente muy seguido para acompañarme a reunirme con los que ya partieron antes que yo. Estaba tranquilo, porque sabia a donde iba.

Les contaré un poquito donde me encontraba, antes de dejar mi cuerpo adolorido y dar mi último suspiro:

Los vi llegar. Eran como cuatro de la madrugada. Todos ellos traían una paz increíble, la misma paz que sentí en el momento de mi partida. Se podía sentir fácilmente, su gran amor por mi.

Ellos entraron a mi habitación sonriéndome tan dulcemente que yo también sonreí con ellos. Me dijeron;
"Te iras con nosotros. Haremos el viaje juntos. Nunca estaras solo. No tengas miedo, nosotros seremos tus guiás, hoy y siempre que lo necesites. Te queremos demasiado para dejarte solo."

Y así fue. La luz que traían era tan fuerte que me cegaba un poco la visión pero sí los podía ver. Escuché un coro a mi alrededor. Un coro de ángeles, con una voz melodiosa celestial. Me hicieron sentir tan bien, que sin darme cuenta ya comenzaba a pasar al plano espiritual.

Dejando éste, el material. Donde yo había sido feliz. Donde yo estaba cumpliendo con mis metas. Dejaba a mis padres que sé que no tendrán consuelo. Hasta que lean está carta.

Dejaba amigos muy queridos. Mis cosas materiales. Todos los placeres terrenales, comer, bailar, ir de compras, etcétera.

En un momento pensé. "¿A dónde me llevan?"
Pero la paz era tan grande que me deje llevar por ellos.

Cruzando así de una vez por todas al plano espiritual. Lo que encontré
allí era nada más y nada menos que un paraíso. Dónde no existe el
dolor, ni angustias, ni miedos. Solo paz y amor, en cantidades.

Quise conocerlo todo de una vez. Pero ellos me dijeron que tuviera
calma que tendría todo el tiempo para hacerlo. Yo estaba ansioso por
descubrirlo todo. ¿Cómo era? ¿Qué había del otro lado?
Pero me di cuenta que tenía que esperar.

Ellos me preguntaron:
"¿Te has dado cuenta que has muerto en el mundo terrenal, que ya no
convivirás más con tus seres queridos, desde el plano terrenal ahora
será desde aquí, desde el plano espiritual?"

Ellos continuaron diciéndome:
"Sí los podrás ver. Me refiero a tu familia y amigos. Pero no podrás
tocarlos, habrán otras formas de comunicación que iras aprendiendo
poco a poco, ya veras."

En ese momento, sentí una gran pena y me eche a llorar.
Uno de ellos me abrazó fuertemente y me susurró:
"No te pongas triste, desde aquí podrás estar siempre con ellos, nunca
los dejaras. En el momento que ellos te necesiten, en ese momento tú
llegaras y ten por seguro que ellos lo sabrán.
Porqué de alguna manera tú, te manifestaras."

Veo a mis padres llorar sin consuelo. Debo estar allí para consolarlos
decirles que aquí se está muy bien y que los quiero a todos y a cada uno.

"¿Cómo hacerlo?" Me preguntaba con ansias.
Pues quería aprender todo rápido. En ese momento, uno de ellos, con la
mirada más tierna que yo haya visto, me dijo:
"Está es tú oportunidad de comunicarte con ellos."

"¿Cómo lo haré?" Le preguntó .
"Cierra los ojos y entra en su corazón, y diles lo bien que estás aquí."
Cerré mis ojos y pensé con tanto amor en ellos.
Que sentí que ellos, me sentían. Pude verlos y oírlos a los dos juntos.
Mamá y papá; decirse uno al otro.

"Te sentimos cariño, te sentimos."

En ese momento me doy cuenta que era absolutamente cierto lo que me habían dicho respecto a la comunicación .

Me sentí tranquilo. Pude ver como mi cuerpo era trasladado a un ataúd. Dónde me velarían todo el día y la noche.

Desde este lugar llamado, "Mas allá." Estaba mirando todo el cortejo fúnebre, amigos, familia, todos muy tristes con mi partida. Todos me recordaban con mucho cariño.

Pero lo mejor de todo eso, era que sí podía comunicarme. Por medio de mente -corazón. Y les dije a mis padres; "¡Este lugar es muy lindo, puedo hacer de todo y no siento dolor!"

En ese momento vi a mi madre sonreírse, a pesar del dolor tan grande que tenía por mi partida. Moviendo su cabeza como quien dice: "¡Qué cosas dices!" Así continuo nuestro dialogo espiritual, tratando de darle paz y consuelo. Algo que tardaría en llegar. Un dolor muy grande en el corazón.

Llegaron unos amigos del colegio y les hice una broma de mal gusto. Creo. Cuando se acercaron al ataúd, yo desaté uno de mis pasadores de los zapatos nuevos que me habían puesto. ¡Ellos se sorprendieron!

No sé, porque tenemos que estar muy bien vestidos y todo en su sitio el día de nuestro funeral, es que ya estamos muertos. Ya no importa como estés por fuera. Solo importa como está tu alma y tu espíritu. Por mi parte todo estaba bien llevado.

Continuando con la broma del pasador. Solo había un solo zapato con pasador. Llamaron a mamá para que lo arreglara, ella lo arregló . Mamá, sabía que era una señal. Pero no podía comprenderlo del todo todavía. Yo siempre fui el bromista de mi clase y aquí no seria la excepción.

Está maravillosa carta es para ustedes mi querida familia. Para explicarles un poquito más como nos comunicamos con nuestros seres queridos.

*Esa era una señal que les mandaba a mis amigos del colegio,diciéndoles
que yo estaba bien, pero creo que ellos no lo entendieron.*

*Les cuento todas estas cosas para que sepan que morir no es malo.
Nunca morimos del todo. Podemos seguir viendo a los que más amamos.
Y ellos se sentirán felices de saber que podemos comunicarnos.
No importa donde estemos.*

*El día del velatorio yo estaba allí con ustedes.
Sé que me sintieron. Nunca estuve solo.
Ellos, mis ángeles y guiás me acompañaron en todo momento.*

*Sé que está carta les dará mucha tranquilidad.
Porque los he oído en silencio decir;
" ¿Cómo habrán sido los últimos minutos de nuestro adorado hijo?"
No se angustien más. Siempre estuve con Dios, nunca estuve solo.*

*Yo los visito en cumpleaños, aniversarios, nacimientos, etcétera.
Ahora que ustedes son abuelos, ya tengo dos hermosas sobrinas, hijas
de mi hermana menor. Así van sucediendo las cosas y yo me voy
enterando de todo. Siempre estaré con ustedes.*

*Han pasado muchos años y yo sigo aquí. No me he ido a ninguna parte.
A propósito, tuve la alegría de recibir a uno de mis abuelos.
Está igualito como antes. No pasan los años por él.*

*Ya se reunió conmigo y no saben lo bien que lo pasamos.
Él, tiene un sentido del humor genial, siempre nos hace reír.*

*Aquí, nadie mide el tiempo, porque el tiempo no existe.
Un minuto puede ser un año y un año un minuto.
Solo existimos nosotros las almas, que llegamos para quedarnos hasta
que nos toque regresar otra vez .*

*¿Reencarnaré ? Si, es así. Me gustaría ser pintor, un artista. Siempre
me gusto pintar, pero no tuve el tiempo necesario para hacerlo.
Parece ser, que aquí tendré mucho tiempo libre y debo aprovecharlo.*

*Por ahora seguiré aprendiendo más y más.
Por el momento estoy bien, preparado para seguir recibiendo al que le
toque partir y dejar su cuerpo material para convertirse en espiritual.
Ahora puedo decir que no morimos del todo.*

A todos aquellos que han perdido a un ser querido. No tienen que estar tristes, porque nosotros las almas, percibimos todo tipo de sentimiento.

Y si ustedes se ponen tristes nosotros lo estaremos también.

*Yo estoy bien. Y quiero decirles que siempre nos comunicaremos.
Lo que hay aquí, en está, mi nueva casa.
Es mucho amor para dar y recibirlo también.*

Desde lo más profundo de mi alma, los quiero a todos y los extraño también. ¿Cómo no sería así? Los quiero ver felices, de lo contrario me pondré triste . ¿Quién quiere ver un alma triste? ¡Nadie!

*He conocido todo tipo de personas, quiero decir de almas.
Hablando con ellas he aprendido bastante. Paso horas conversando con médicos, profesores, pintores, escritores, deportistas, etcétera.
¡Y lo que estoy aprendiendo!*

*Conocí a una chica que murió de cáncer.
Es linda, su alma es tan limpia y pura como el agua del manantial.
Podría conversar con ella todo el tiempo.*

*Ahora entiendo mucho mejor a mis guías espirituales. Ahora comprendo porque son tan felices. Lo que hay aquí es maravilloso, mucha paz.
Eso no quiere decir que no tienen sus problemas, también los hay como en cualquier parte. Pero nada que no se pueda arreglar.*

Por el contrario todo tiene solución y de que manera, bien rápida y sobre todo con mucho amor, ¡la convivencia es fantástica.!

*Es hora de irme. Les escribiré muy pronto o los visitaré en sueños.
Como ustedes lo prefieran.*

¡Hasta pronto familia!

****

Una Noche En Siena

Sofía y yo, habíamos decidido ir de vacaciones al hermoso país del Mediterráneo, Italia. Queríamos pasar dos semanas de forma diferente. Iríamos a la bellísima ciudad de Siena. Situada en la región de la Toscana.

Nos encantaba los verdes prados de la Toscana. El aire puro que se respira allí era ideal para relajarnos y comunicarnos con nuestro yo interno, qué bastante falta nos hacía.

Sentíamos la necesidad de retirarnos a esa ciudad y teníamos que seguir nuestra intuición.

Sofía, es muy sensible, sensitiva y siempre está en todas. Como se dice. Es de aquellas que tienen su sexto sentido bien desarrollado. Ya saben de lo que les estoy hablando.

Yo, lo soy también. Recuerdo que el día anterior mientras conversábamos antes de decidir a donde iríamos. Nos miramos fijamente a los ojos y dijimos, ¡Italia!

La casa, que rentamos era preciosa. Estaba muy bien ubicada, en la cima de una colina con una vista impresionante. Sentadas las dos en lo alto, podríamos fácilmente ver la ciudad de Siena. Más lindo paisaje no existe en el mundo. Pensaba yo.

La noche se acercaba de prisa. ¿Qué traería esa hermosa noche? Porque cada anochecer es único en la Toscana, no todas las noches son iguales, cada una de ellas tienen un encanto singular.

Miraba el cielo fijamente, como esperando que las estrellas vayan apareciendo una por una, las había de todos los tamaños. Brillando como ellas sólo lo saben hacer. Brillar con luz propia.

Sentadas en el jardín de nuestra casa al pie de la colina. Y con un cielo despejado y clarito. Podíamos verlas a todas. Como se posaban en el firmamento, no nos cansábamos de mirarlas. ¡Pero de momento gritamos las dos sorprendidas! "¡Allí están! ¿Quiénes son?" ¡Nos preguntamos ansiosas!

¡Cuando de pronto! Escuchamos un susurro:
"¿Son ustedes Sofia y Marta?" Preguntaron por nosotras, se nos puso la
piel de gallina, pero de felicidad. Llegaron entre las estrellas.

"Nosotros iluminaremos sus vidas, daremos paz y amor a sus almas, no
se asusten, somos ángeles de luz." Nos dijeron .
Quedándonos obviamente sin palabras.

Teníamos el presentimiento que algo maravilloso nos pasaría esa noche.
Y no nos equivocamos. Sofia y yo nos miramos fijamente y pensamos:
"Creo que nos encantaría seguir soñando."
Pero no era un sueño. ¡Era realidad!

A la mañana siguiente, nos levantamos muy tranquilas.
Estábamos seguras que no había sido un sueño lo que nos había
sucedido la noche anterior.
Sin duda alguna, habíamos sido visitadas por "Ellos." Ya, entendíamos
la razón, por la cual teníamos que estar en ese lugar tan especial.

"Ellos." Lo tenían todo planeado para nosotras. Nos esperaban.
Desde aquella noche nuestras vidas cambiaron y nuestros corazones
nunca más se sintieron solos. Estábamos seguras que conocimos el amor
verdadero e incondicional que sólo "Ellos" nos pueden dar.

****

Verte Otra Vez

Cuanto anduve anoche. Me cansé. Pero mi corazón se agitó de felicidad al verte otra vez. Conversamos y comprendí que no es malo estar allí. Ahora te puedo entender mejor.

Te vi tan feliz que me contagie. Estás en paz. Siento tu risa y tu palpitar, que lindo fue encontrarnos.

No has cambiado casi nada para mi estás igual que cuando partiste.

Recordamos viejos tiempos, pero lo hicimos con alegría. A todos nos toca partir, tú te fuiste muy joven, recién comenzabas a vivir. Eso me dio tristeza.

Criaste a tu bebé desde el cielo. Le protegiste y guiaste. Y lo seguirás haciendo.

Todos los días le visitas. Te das el tiempo para hacerlo. Como todas las mamas lo hacen con sus hijos, te he visto llevarle en brazos, cantarle y también llorar.

Fue lindo vernos. Sé qué lo seguiremos haciendo. Cuando te sientas sola y quieras conversar un poquito, cuenta conmigo. Que yo estaré para escucharte como siempre lo he hecho.

Tú sabes como llegar a mi.

Sé que te veré, otra vez más.

****

MARÍA MANUELA PINTO

Vuelo Equivocado

*Son las diez de la mañana. Debo apresurarme porque iré al aeropuerto
a recogerle. No le he visto por cinco años.
Su vuelo llegará a las doce del medio día. Tomaré un baño para después
vestirme. Me pondré lo más bonita que pueda.*

*Debo impresionarle. No puedo creer que le veré pronto. El corazón me
palpita a mil por hora. Tengo tanto nervio, igual que cuando tenía
quince y a escondidas me iba a encontrar con mi enamorado.*

*Recuerdo cuando se marchó. Yo misma fui a despedirle.
Más nunca me imaginé que estuviera tanto tiempo fuera.*

*Nos hemos escrito tantas cartas, que ya tenía suficiente para hacer un
libro, un libro de amor. Había tanto amor en esas lineas que algunas
veces llegue a pensar que estaba aquí conmigo.*

Hasta podía sentir su calor y sus besos.

*¿Sentirá lo mismo por mi
como la primera vez? ¿Cómo me encontrará?
Estoy tan nerviosa que tengo muchas preguntas pero ninguna respuesta.*

*Mas vale que me de prisa. Me gustaría verle llegar,
por el corredor del aeropuerto, correr hacia él y abrazarle fuertemente.
Ya comenzaba a sentir mariositas en el estomago.*

*Termino de darme el baño. Y me dispongo a vestirme.
Escojo el mejor vestido, el rojo, mi color preferido.
Solamente lo uso para ocasiones especiales y está es muy especial.
A decir verdad, no lo he usado antes.
Lo estrenaría hoy, que mejor motivo que éste.*

*No es por nada. Pero estoy espectacular.
No hay duda que quiero impresionarle. Y así sería.*

*Llamo a un taxi. Llegó casi inmediatamente. Nos dirigimos al
aeropuerto. Mientras viajo, pienso en todo lo que hemos vivido. Siempre
enamorados, las noches de amor, nuestros momentos de pasión. No creo
que lo haya olvidado, tan fácilmente.*

Entre pensamiento y pensamiento llegamos al aeropuerto.
Nunca he tenido tantos sentimientos juntos. Debo estar tranquila.
No quiero echar a perder este momento tan especial.
Un momento de amor, único y esperado.

Me acercó al mostrador y preguntó ansiosa por el vuelo número 1550.
Y me contestan que ese vuelo ya había llegado.
Que los pasajeros estaban por dejar el avión.

Me tiemblan las piernas. Las mariposas se apoderan no sólo de mi
estomago sino de todo mi cuerpo. Tengo que estar tranquila.
Le esperé por más de una hora y no aparecía.

Comienzo a preocuparme. ¿Será qué se desanimo a última hora?
¿Es qué le sucedió algo?
Dios mio, creo que me voy a desmayar. Siento que me falta el aire.
¿Por qué no está? Mil pensamientos pasan por mi cabeza.

Muy inquieta me acerco al mostrador por segunda vez. Doy su nombre
completo. Después de cinco minutos me dicen;
"La persona que usted espera ,no está en la lista de pasajeros.
Usted tiene el vuelo equivocado."

En ese momento me vuelve el alma al cuerpo, ya me había imaginado lo
peor, a punto de un ataque de nervios.

Yo, de tantas ansias por verle había pensado que ese era el día de su
llegada, pero además tenia el vuelo equivocado, también!
Ya más tranquila, me dirigía de regreso a casa.

" ¡Marcia, despierta, despierta! ¿De qué vuelo hablas?" Me pregunta
mi madre. " ¡Despierta, llegaras tarde al trabajo!"

¡Yo, despierto y me doy cuenta que felizmente todo era un sueño!
No sé, qué habría hecho si hubiera sido verdad.
Me hubiera muerto de la pena.

Al esperar y esperar y no verle llegar.

Timbra el teléfono y escuchó su voz que me dice;
"Mi amor tendré que viajar mañana por dos semanas, me llevarías al
aeropuerto?" No pude ni contestarle de la impresión.

Inmediatamente le preguntó ;
"¿Cuánto tiempo estaras fuera?" "Dos semanas." Me contesta
" Qué vuelo tienes?" "1731"
Al escuchar su respuesta me tranquilice.

Comprendí que todo había sido un sueño. Respire tranquila. Pues
definitivamente, ese no era el número de vuelo, el cual yo esperé esa
tarde y él nunca apareció, porque nunca se embarcó.

Nunca se fue de mi lado. Recuerdo que canceló el viaje para un futuro.
Desde ese día lo amé mucho más. Comprendí que lo amaba demasiado
que mi vida no sería igual sin él.

Fue un sueño. Pero con un mensaje de amor. Me hizo pensar que
muchas veces valoramos a las personas que tenemos al lado, cuando
sentimos que las vamos a perder o en el peor de los casos cuando ya las
hemos perdido.

Hicimos un viaje juntos.
Dónde el amor y la pasión fueron los invitados de honor.

Y por las dudas siempre viajo con él.

****

Zapatillas De Ballet

Qué bella se le veía con sus zapatillas de ballet y su vestido blanco.
Parecía una princesa bajada de los cielos.
Y bailaba como los ángeles. Una diosa celestial.

Su piel, tan fina y delicada como porcelana. Una esbelta figura.
Parecía que se iba a quebrar de lo frágil que se veía.

Yo venia casi a diario, sólo a verla bailar. Parecía no cansarse, que
vitalidad tenía, girando siempre en punta de pie, parecía ser la bailarina
de una cajita musical.

Hasta que llegué una tarde. La esperé que apareciera en la pista de
baile. Como siempre lo hacia. Esperé por varias horas.
Solo que está vez, nunca llegó.

Pregunté por ella y me dijeron que;
hacia un tiempo que no la veían, que la extrañaban.
Sobretodo su baile tan sensual.

"Creemos que se ha marchado a vivir a otra ciudad,
nosotros tampoco la veremos más.
Era hermosa, una bailarina excepcional. Única, nunca supimos de
donde venía y ahora no sabemos donde está."

Habían pasado ya algunos años. Y decidí regresar al lugar donde ella
bailaba. Para recordarla. Había dejado huella en mi.
Una huella de amor, un amor silencioso y escondido.

Nunca tuve la oportunidad de decircelo.
Si tan sólo la volviera a ver por un minuto. Está vez se lo diría.
Que la amo mucho, que me ha cautivado con su baile y su belleza
natural. Qué le ha traído luz a mi vida!

Decidí sentarme frente a la pista de baile.
Con la ilusión de verla, poniendo mis esperanzas en aquella pista vaciá
y ahora más sola que nunca.

¡De pronto se iluminó todo el salón,
apareciendo ella! ¡Había regresado!
Comenzó a bailar. No podía creerlo. Estábamos allí solos, los dos.
Ella era tan hermosa que parecía una muñeca de cristal.
Con un brillo natural.
Ella, no dejaba de mirarme. Era amor.
Solo podía ser amor.

Me sonrió. Mi corazón se agitó de alegría. Y le dije que la amaba.
Que también amaba su baile. Ella, me miro, "yo también te amo."
Esas fueron sus últimas palabras.

Derepente, todo se acabó. No sé, en qué momento terminó de bailar.
No la vi por ninguna parte, ¡desapareció en frente de mis ojos!
Quedé inmóvil, totalmente sorprendido.

Con mucha tristeza. Fui caminando hacía la salida.
¡Cuando me doy cuenta que en la mesita de la entrada del salón,
estaban sus zapatillas doradas de ballet. Me las había dejado para mí,
¡solo podían ser para mí!

Sentí tanta alegría que las llevé conmigo y las guardé como un tesoro.
Las puse en una urna de cristal sobre la chimenea de mi casa
donde, yo las pudiera ver todos los días de mi vida.

Las zapatillas doradas de ballet, habían pertenecido a una bailarina que
llegó de muy lejos para quedarse. Pero una fatal enfermedad se la llevó
a una edad muy temprana, justo cuando comenzaba a conocer el amor.

Pero su belleza indescriptible y mi amor por ella se quedaron conmigo.
Y la llevo grabada en mi corazón. Era la misma que yo había visto por
mucho tiempo bailar. Ella se fue para siempre, dejándome lo más
apreciado que tenía, sus zapatillas de ballet.

****

Una Carta Para Ti

¿Quién, no ha escrito y leído una carta en su vida?
Estoy segura que todos nosotros lo hemos hecho.
De amor, despedida, alegría, bienvenida, buenos deseos y también malos deseos, intriga, desconfianza, tristeza, etcétera.

No me alcanzaría la pagina para anotar los motivos y razones que hay para escribirlas. Pero la razón más importante es de comunicar, dejar salir tantos sentimientos que llevamos dentro del corazón y del alma.

Desde hace muchísimos años los seres humanos han usado diferentes formas de comunicación escrita. Ya sea, signos, jeroglíficos, letras, números, etcétera. Todo es validó para la comunicación, usando todo tipo de medio para hacerse entender.

Las escribían en; piedra, tela, metales, una infinidad de materiales así también como el papel, que es la más conocida por todos nosotros. Hasta llegar a la era cibernetica, que es el Internet. Cualquier medio que usemos es bueno para una buena comunicación. Lo principal es estar conectados.

Para las personas que en algún momento de su vida recibieron cartas, las guardaron con la idea de volver a leerlas y se olvidaron por un buen tiempo de ellas, como es común, las encontrarán deterioradas.

El papel cambiara de color no pudiendo ser más claras y así irán desapareciendo las letras poco a poco hasta quedar totalmente ilegibles, perdiéndose el valor de las mismas porque ya no se podrán leer nunca mas, quedando sólo un pedazo de papel totalmente desgastado.

Las cartas nos traen recuerdos inolvidables los cuales quisiéramos guardalos por siempre. El propósito de este maravilloso libro de cartas es que encuentres una especial para ti, que puedes identificarte con ella.

Cada carta esta destinada a alguien en especial como tu, sé que encontrarás la tuya. De esa manera este libro habrá cumplido su cometido, el de llegar al alma y corazón de cada uno de ustedes.

Buena suerte a todos,

María Manuela Pinto

ACERCA DEL AUTOR

María Manuela Pinto, vive en Estados Unidos de América, en el Estado de Florida, la ciudad del eterno sol. Le gusta socializar, estar en contacto con la gente. Piensa que la comunicación es muy importante y esencial en todos los aspectos de la vida del ser humano. Rodeada por el arte y usándolo para escribir, ha sabido canalizar sus pensamientos, plasmándolos en *"Cartas Para Ser Leídas: Encontrarás Una Especial Para Ti"*. Donde, el amor, un sentimiento divino, es el protagonista de este maravilloso libro.

www.mariamanuelapinto.com
facebook.com/MariaManuelaPintoAuthor
twitter.com/MariaManuelaPi4

Publicado por Mariangelikuss